Lk 386.

APERÇU

DES AMÉLIORATIONS

Projetées dans la ville d'Ardes.

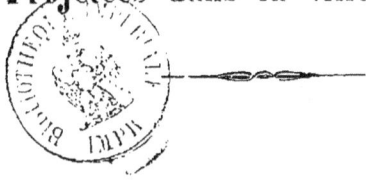

Monsieur le Sous-Préfet,

J'ai l'honneur de vous rappeler, qu'après avoir appris indirectement qu'un plan parcellaire sur lequel figurait une portion considérable de mon jardin, comme susceptible d'être cédé à la commune, avait été soumis au Conseil municipal, le 23 mai dernier, et que, par suite d'une résolution aussi mystérieuse qu'insolite, la prise de possession devait avoir lieu immédiatement, quoique je n'eusse pas été mis en demeure de fournir mes contredits.

Je me rendis, le 31 mai, près de vous à la sous-préfecture où, d'après vos ordres, ce plan me fut soumis.

Je crus entrevoir, au premier aperçu, que ce plan était relatif à trois points d'utilité publique différents, savoir :

1º. Le chemin d'intérêt commun ;
2º. L'embranchement devant y aboutir ;
3º. Le projet d'un plan général d'alignement de la ville d'Ardes.

Relativement aux deux derniers points, vous me fîtes ob-

server qu'il n'y avait encore rien de fixé; qu'il n'était question que d'un avant-projet, et que, ultérieurement, il y aurait enquêtes, affiches et publications voulues, pour la mise en demeure des parties intéressées.

Quant au chemin d'intérêt commun, le 11 juin 1851, j'avais soumis à M. le Préfet des observations qui, en réalité, ne furent pas sans valeur, vu qu'elles motivèrent le classement de ce chemin, auquel personne ne songeait, et qu'on regardait même comme impraticable.

Ce résultat et votre bienveillant accueil, me déterminent à vous en soumettre de nouvelles, puisque les travaux ne sont pas encore adjugés.

Trouvez bon, également, que je vous en soumette d'autres, relativement aux travaux du bas de la ville; de l'élargissement de la rue de l'Ancien-Château, et du plan général d'alignement, sur le *commodo* et *incommodo* de ces différentes propositions.

Dans mon rapport du 11 juin, j'avais également insisté pour obtenir l'embranchement de la Haute-Loire par Apchat, Florat et Senson, d'un parcours de cinq kilomètres au plus, à partir d'Apchat.

Un propriétaire de la Haute-Loire avait déjà obtenu dans son département le classement et le tracé de ce chemin, lorsque l'intérêt privé du sieur Maillargue, propriétaire du domaine de Sageat, vint paralyser ce zèle louable; en sorte que cette fâcheuse circonstance fut mise à profit par deux autres propriétaires qui usèrent de toute leur influence pour faire exécuter un autre embranchement à partir de Barrége.

Aujourd'hui, le domaine de Sageat est passé dans d'autres mains; on ne trouvera donc plus d'opposants; et comme le montant des indemnités à allouer est d'une faible importance, et qu'aujourd'hui il existe un pont sur la rivière d'Alagnon, il importe essentiellement de provoquer cette exécution qui abrégerait singulièrement le parcours pour le transport des charbons, des marchandises et des denrées de toutes sortes, ainsi que pour la tenue des foires et des marchés de Lempdes, de Brioude, de Blesle, de Massiac, et généralement les fréquentes relations avec la Haute-Loire et le Cantal.

En indiquant les rives de la Couse dans mes observations du 11 juin, pour le parcours du chemin d'intérêt commun, je m'étais abstenu de désigner la rive à suivre, présumant que la gauche était naturellement indiquée par suite de l'aspect du midi (viable en tout temps), la position de toutes les usines déjà existantes sur cette rive, et le délaissement volontaire et gratuit des terrains à concéder.

On objecte, dit-on, comme obstacle, le massif de terrain accumulé par l'écroulement, où l'on craint de ne pas trouver le solide; mais il est encore de notoriété, que ce terrain a recouvert un moulin qui existait sur ce point, incontestablement assis sur le solide.

C'est donc un simple déblais de terrain ou de blocs de pierres, évidemment moins onéreux qu'une construction quelconque, cet amas de terrain aurait-il vingt ou quarante mètres de largeur.

En suivant régulièrement cette ligne, on serait assuré que tous les matériaux extraits seraient très-propres à la consolidation et à l'entretien de cette route.

En graduant successivement la pente sur cette ligne, continue et régulière, on serait plus assuré d'atteindre le plateau d'Auzolle ou de Strigoux, que par les lignes brisées du fréquent passage de la rivière, puisqu'on devait construire trois ponts en simples moëllons, estimés 21,000 fr.

J'observe encore que si, dans mon rapport du 11 juin, j'avais indiqué pour le tracé, à partir d'Auzolle, les villages de l'Argillier, Jassy et Boutarisse, c'est que les routes sont essentiellement pratiquées pour les centres de population, et qu'en outre il est bon, dans de telles contrées, de savoir où se réfugier au moment des tourmentes imprévues et fréquentes, encore faudrait-il multiplier les stations de cantonniers (1).

Or si, comme on me l'assure, le tracé est dirigé sur le hameau de la Ryberette, et de là sur le versant opposé au Chamaroux, en plein nord, il est présumable que ce chemin serait impraticable pendant trois mois de l'année, par suite des amas de neige ou le verglas.

En outre, pour que les chemins soient viables en hiver, sur de tels points, ils doivent dominer les accotements par un bombement très-sensible, afin que la neige soit balayée par le vent.

Je serais donc porté à croire, Monsieur le Sous-Préfet, qu'au lieu de construire trois ponts estimés 21,000 fr., et nombre de travaux d'arts tout aussi onéreux, il suffirait de doubler la largeur du pont de la Pierre, dont l'élévation du tablier suffirait, je crois, pour atteindre le niveau de la rive opposée, au moyen d'un remblais qui aboutirait à la base du Colombier existant.

De ce point, prolonger graduellement la pente jusqu'à Auzolle, il y aurait, très-probablement, moins de travaux d'arts, moins de frais d'entretien, moins d'éventualité pour la viabilité et moins de dépense, puisque ce pont, unique jusqu'à Auzolle, serait également utilisé pour le prolongement du chemin de grande communication sur les rives de la Couse, aujourd'hui reconnu indispensable, puisque, le 23 mai

---

(1) Ces observations seraient également applicables au chemin d'Auzat, s'il a été tracé dans la montagne du Rayet; vu que, pour le rendre viable en tout temps, c'est par Auzat, Lacombe, Laboriette, Apchai, Vens-Haut, Lavazèze ou Bobarty qu'il faut le faire passer, en partant de Lafredière, pour le faire aboutir à Vèze (Cantal).

dernier, le Conseil municipal a ajourné indéfiniment la rampe projetée à l'entrée de la ville, en se fondant sur le prochain prolongement du chemin de grande communication sur les rives de la Couse, dont le pré de la Serve serait l'aboutissant le plus propice pour faciliter l'entrée et la sortie de la ville, ainsi que pour atteindre le pont de la Pierre.

Or, comme les travaux pour la traverse de la ville, évalués à la somme de 20,000 fr., ne peuvent être exécutés qu'après que la commune aura livré le terrain à occuper, ce terrain serait livré par le fait, puisque le pré de la Serve lui appartient.

Ce point admis, les 20,000 fr. consacrés à la traverse de la ville deviendraient disponibles pour le prolongement en question, et il n'y aurait plus qu'à prescrire l'étude et l'évaluation des travaux à partir de Chabeton jusqu'à Auzolle, et sur la rive gauche à partir du pont de la Pierre, avant d'acquiescer aux prétendus avantages d'une portion de chemin préexistante, ou tout autre considération d'intérêt privé.

Les fondations de l'ancien château d'Ardes étaient assises à l'aspect nord-est, au bord d'un précipice; cet emplacement est devenu propriété privée par suite d'une adjudication publique, et une portion a même été revendue à M. Hardy, d'Issoire, par les trois adjudicataires; le restant est encore indivis entre eux, et je suis propriétaire d'un tiers.

Indépendamment de cet emplacement auquel j'ai droit, j'ai acquis, en 1849, l'ancien jardin du château situé hors de la ville où se trouvait encore les ruines d'une tour; l'ancien mur de clôture bâti à fausse équerre, n'a pas été modifié; la régularité de la ligne est toujours la même, vu qu'il fait corps avec l'angle de la maison Boyer, également dépendance de l'ancien château, reconnue par tradition pour le siége du bureau de la recette des gabelles; l'angle rentrant du pavillon, au point opposé, était un des pilastres qui soutenaient le pont levis de la porte d'entrée que j'ai vu démolir. Il n'y a donc pas eu d'usurpation sur la voie publique sur cette ligne.

En est-il de même sur la ligne opposée ?

La masure Leyrisse inhabitée et inhabitable, formant saillie de plusieurs mètres sur la grande rue, n'est-elle pas une usurpation manifeste et de notoriété publique ?

Une remise, plus récemment construite, et un jardin, dont les murs de clôture tombent en ruine, y font suite.

En admettant que, dans des vues d'utilité publique, on facilite un libre accès entre la grande rue, les rues latérales et le chemin d'intérêt commun, abstraction faite de mes intérêts froissés, ne suis-je pas fondé à faire observer que l'Administration municipale est intéressée à adopter la ligne la plus courte, la plus régulière et la moins onéreuse sous le rapport de la juste et préalable indemnité ? N'est-elle pas obligée surtout, et avant tout, de faire restituer à la voie publique les portions de terrains usurpés ?

Le droit et l'équité prescrivent cette manière de procéder, et l'usurpation formant saillie, disparaissant, dans la même proportion, sur toute cette ligne, régulariserait au moins l'alignement de ce côté de la grand'-rue, et doublerait la largeur de celle dont il s'agit.

Un avantage qui ne serait pas moindre, c'est que le point extrême de cette ligne est le plus propice et même le seul convenable pour la construction de la halle projetée, par suite de la facilité des abords et de tout développement suffisant sur les points adjacents.

Emplacement évidemment plus convenable que celui de l'église des Récollets, exclusivement destiné d'ailleurs à la construction de l'église paroissiale, par suite de sa position centrale et son ancienne consécration. Destination toute spéciale et irrévocable qui ne peut être arbitrairement changée par l'autorité administrative, sans le concours du Conseil de fabrique, qui, d'après l'article 76 de la loi organique du 18 germinal an x, les décrets du 30 mai et 31 juillet 1806, en a la propriété exclusive.

Vu que le Gouvernement, après avoir rendu au culte les églises qui lui étaient nécessaires, a disposé des autres non aliénées en faveur des fabriques (Arrêt de la Cour de cassation du 6 décembre 1836).

Ainsi le sieur Maillargue en faisant démolir naguère les murs de l'église des Récollets, et la transformant en cloaque pour employer les matériaux à madacaniser le champ de foire des porcs, a commis un bien grave abus d'autorité ; sa prédilection pour l'espèce porcine ne pouvant justifier une telle profanation, qui ne pouvait être attribuée qu'à un accès de délire.

Il suffit de jeter les yeux sur le plan, pour se convaincre que les moyens indiqués par le tracé ont tout autre but que l'utilité publique.

En effet, il s'agit d'élargir l'ancienne rue du Château, et, sous le spécieux prétexte de faciliter l'accès de la maison Leyrisse et des maisons adjacentes, par suite de l'élévation du remblais projeté, le plan figure un mur de soutènement correspondant à l'angle extérieur de la maison Leyrisse, espèce d'impasse qui obstruerait la Grand'-Rue, ainsi que celle de l'Ancien-Château, et sanctionnerait l'usurpation existante sur ce point.

Telle est la prétendue amélioration ou embellissement que j'ai cru remarquer, qui paraîtrait n'avoir d'autre prétexte que de favoriser cette ligne, afin de pouvoir impunément sacrifier l'autre.

En sorte que la veuve Boyer, pour qui mon voisinage deviendrait funeste, aurait à faire le sacrifice de sa maison, dont la valeur est décuple de celle de Leyrisse, et même inappréciable pour le bas de la ville, par suite de l'existence de l'ancien puits du Château, dont la margelle est ouverte au parement extérieur de cette maison, et dont l'eau est pure, salubre, intarissable, qui mérite d'autant plus d'être conservé dans des vues d'utilité publique, que la ville n'a point de fontaine d'un cours permanent et assuré.

Outre l'ancienne rue du Château, uniquement ouverte, dans le principe, pour aboutir à cet édifice, il existe, dans le bas de la ville, deux rues qui, sans se correspondre directement, et malgré leur faible largeur et leur pente rapide, sont les plus fréquentées de la ville, même par les voitures, elles abrégent le parcours pour la ville basse, l'église provisoire, toutes les usines existantes, et la circulation incessante de la ville à la campagne, *et vice versâ*, dans la direction de l'est à l'ouest.

Il importe donc, non-seulement de les conserver, mais encore de les améliorer par un niveau d'ensemble et un développement suffisant.

Ce n'est certainement pas pour atteindre ce résultat, que le tracé du plan projeté indique la construction d'un escalier à l'issue de la rue de l'Ecluse, qui l'intercepterait, et, en face, un terre-plein qui tendrait à obstruer la Grand'-Rue et celle du Château.

Cette singulière conception qui causerait un notable dommage aux propriétaires des maisons qui bordent ces rues, cette dégradation manifeste de la voie publique ne peut être admise sous le spécieux prétexte d'indiquer la Grand'-Rue comme le véritable embranchement du chemin d'intérêt commun, puisqu'elle est le point le moins propice, et qu'il en existe un autre plus susceptible de concilier l'intérêt public avec l'intérêt privé.

Le niveau de la rue du Château domine déjà celui du plateau de cet emplacement de près de deux mètres, et, d'après ce qu'on m'assure, la position trop élevée du mur du cimetière projeté, nécessiterait encore un abaissement d'autres deux mètres, à la jonction des deux courbes figurées pour le chemin ; il aurait été difficile d'accorder ce niveau avec le remblais projeté ; mais la difficulté se trouve levée par la délibération du 23 mai dernier, qui ajourne indéfiniment la ridicule rampe projetée à l'entrée de la ville, où, après y avoir pénétré, on en serait sorti pour y rentrer, à la dérobée, par une voie plus périlleuse qui en aurait triplé le parcours.

J'admets qu'on facilite un libre accès entre la Grand'-Rue et l'emplacement du Château ; mais je suis loin de croire qu'il est d'intérêt public de la fixer comme le véritable et unique embranchement du chemin d'intérêt commun ; et les riverains qui supposeraient avoir un avantage immédiat à ce continuel et dangereux parcours, ne prévoient pas le dommage qu'ils en éprouveraient dans la suite.

Dans toute l'étendue de la rue jusqu'au bassin de l'ancienne fontaine, le pavé repose sur des sous-sols, et en garantit la solidité et la durée ; la plupart de ces caves, pratiquées dans un roc friable, ne sont pas même voûtées ; faudrait-il les combler pour faciliter la circulation du gros roulage ?

Ne serait-ce pas anéantir la plus value de chaque habitation, au moment où la ville d'Ardes peut devenir entrepôt de commerce, et atteindre son ancien état de prospérité par les voies de communications entre les départements du Cantal et de la Haute-Loire ?

Le projet d'enlever le pavé, d'établir des trottoirs et de macadamiser le point intermédiaire, détériorerait infailliblement les voûtes, par suite de l'infiltration des eaux, et la sûreté publique serait compromise ; la largeur de la rue est d'ailleurs trop restreinte ; en sorte que la prétendue amélioration deviendrait un dommage réel pour chaque propriétaire de caves, ainsi multipliées, dans le principe, parce qu'elles étaient indispensables pour le genre de commerce de la ville.

Au bas de la rue de l'Ercluse existe un terre-plein, soutenu par un mur grossièrement bâti et fort mal consolidé; quatre voûtes d'une construction encore plus défectueuse, ont été pratiquées sous cette terrasse informe, d'où plusieurs personnes ont été précipitées à défaut de parapets suffisants.

Le tout s'est déjà écroulé une fois, et offre si peu de sûreté pour la circulation, qu'il serait prudent d'en prescrire la destruction par mesure de sûreté publique.

Le chemin aboutissant au centre de la ville se trouve au-dessous de cette terrasse; plusieurs constructions existent sur cette rive, et la rive opposée est complètement bâtie avec une régularité suffisante : ces deux largeurs réunies comporteraient deux trottoirs spacieux, un macadam sur le point intermédiaire, et toute facilité pour les déblais et les remblais, puisqu'il n'existe pas de sous-sol.

Voilà le véritable point susceptible d'être fixé comme l'embranchement du chemin d'intérêt commun, d'autant plus propice et direct que le remblais pratiqué au devant de la porte cochère de ma remise, après la destruction de la terrasse du Vallat suffirait pour adoucir la pente sur ce point, ainsi que pour la rue de l'Ercluse, et faciliterait le niveau d'ensemble entre cette rue et celle qui aboutit à la place Croisière, où il suffirait, au moyen d'une courbe, de faire une tranchée en rapport avec l'élévation du chemin qui se trouverait au-dessous de cette place.

En procédant ainsi, l'emplacement du château susceptible, d'après le plan, d'être abaissé de deux mètres, et effondré à la jonction des deux courbes, conserverait son niveau intact pour le champ de foire des moutons, et pour la construction de la halle; et la dépense onéreuse des murs de soutènement sur la ligne circulaire du précipice et de la rampe, à l'entrée de la ville, serait économisée. On pourrait encore, mais à plus grands frais, prolonger l'ouverture de la rue de l'Ercluse jusqu'à la place Croisière, et prolonger également, à travers ma remise, le boulevart du Vallat jusquà l'emplacement du château, qui deviendrait le point de jonction de ce boulevart avec celui de la Brèche.

Sans doute que l'embranchement de la Haute-Loire se joindra au chemin de grande communication, près de Madène; c'est donc à partir de ce point de jonction des deux routes qu'il importerait de rectifier la déplorable entrée de la ville d'Ardes, à l'aspect de laquelle on se figure une ville mise à sac.

Ce résultat ne peut être obtenu que par un tracé d'une ligne aussi droite que possible, à partir de Madène, jusqu'au bas de la terrasse du Vallat, en changeant le cours du ruisseau du Vivier, afin d'utiliser le pont existant et de rectifier cette courbe choquante.

Nécessairement encore que le plafond qui domine les deux rampes de la chapelle de l'Ercluse disparaîtrait après avoir été transformée en caveau par des remblais successifs, qui l'ont rendue impropre à la majesté du culte divin, et dont le dernier vestige démontre l'absolue nécessité de la reconstruction de l'église des Recollets; dépenses qui, avec celle d'une fontaine publique, étaient évidemment plus urgentes que celles qui viennent d'être effectuées à grands frais et d'une manière regrettable, quant à la position mal choisie du nouveau cimetière (1).

---

(1) L'autorité locale, après avoir conçu le projet d'un plan général d'alignement, avait à prévoir quels étaient les points les plus propices pour le développement de la ville, et les avantages ou les inconvénients qui pouvaient en résulter.

L'emplacement du pré de la Serve, limitrophe de la place Croisière, est très-rapproché des maisons d'habitations; il était incontestable que le chemin d'intérêt commun traverserait cet héritage; il n'était pas moins certain que le prolongement du chemin de grande communication qui sera ultérieu-

Trois propriétaires à la suite de la chapelle éprouveraient un dommage notable, et auraient droit à une indemnité relative ; dans tous les cas, il est présumable que si le tracé avait lieu sur ce point, la dépense serait singulièrement réduite.

Des améliorations seraient également opportunes sur le boulevart de la Brèche, où il existe des usurpations de terrains, et nombre de bâtiments construits par anticipation sur la voie publique.

Il existe déjà sur différents points d'une rive une ligne régulière, il suffirait de la prolonger jusqu'au centre de la ville ; et à l'aspect du nord, jusqu'à l'emplacement du château, véritable aboutissant des boulevarts du Vallat et de la Brèche.

rement pratiqué sur les rives de la Couse, viendrait aboutir sur ce même point pour atteindre le pont de la Pierre.

De cette jonction des deux chemins dérivait la conséquence forcée que des constructions de toute sorte seraient avantageusement placées sur ces différentes rives, et deviendraient le point de jonction entre la ville haute et basse.

Cet emplacement n'était donc pas susceptible d'être indiqué pour le nouveau cimetière, puisqu'il était et se trouve encore indispensable pour la jonction des deux chemins.

D'autre part encore, et toujours par suite du même plan, elle avait à prévoir que l'emplacement du château, la place Croisière et le boulevart de la Brèche, qui joignent et dominent le pré de la Serve, désormais transformés en promenades publiques, auraient en perspective l'affligeant et inévitable aspect des tombes fraîchement remuées.

En définitive, puisque l'Administration reconnaît aujourd'hui l'absolue nécessité d'ajouter d'autres sacrifices aux 45 ou 50,000 fr. qu'a coûtés la portion du chemin rapide et dangereux, à partir de Chabeton à Ardes ; par suite de la même imprévoyance, elle doit prendre la même résolution pour les 14,000 fr qu'a déjà coûtés le cimetière projeté (mais non consacré), vu qu'il n'est pas établi dans les conditions d'utilité publique, prévues par la loi ; et que ce n'est qu'après la construction de l'église des Recollets qu'on pourra indiquer avec discernement l'emplacement le plus convenable.

Je fus enfin convaincu du véritable prétexte de la prétendue amélioration projetée dans le bas de la ville, en voyant tracé sur le plan :

1°. Une ligne courbe de huit mètres de largeur à son point extrême contre la maison Boyer;

2°. Une seconde ligne tendant à rectifier ultérieurement cette singulière courbe dans la direction des pavillons de ma serre.

En sorte que cette première ligne tendrait à me déposséder immédiatement d'un tiers de mon jardin, et la seconde d'un autre tiers, d'une manière subreptice, au moyen du plan général d'alignement; là gît tout le mystère sous le voile transparent de l'utilité publique.

Heureusement que le besoin de me nuire ne peut prévaloir auprès de l'Autorité supérieure. Je suis donc fondé à demander sur quoi repose l'utilité d'un tel développement sur ma propriété; serait-ce pour aboutir au précipice qui se trouve à la suite? ou pour rectifier l'alignement de la Grand'-Rue?

Mais la déviation de cette ligne est si prononcée, que le prolongement enlèverait jusqu'à la tour : ce ne serait donc plus une simple rectification, mais bien un déplacement de rue complet.

Encore une fois, dans quel but un tel carrefour?

Car comme perspective, le pavillon existant est aussi agréable à la vue que les rochers dénudés qu'il démasquerait s'il disparaissait.

Je me vois donc réduit, Monsieur le Sous-Préfet, à vous dévoiler le véritable mobile de ce mystérieux projet.

En 1830, j'eus le malheur de perdre ma mère : sa tombe se trouvant hors de l'enceinte du cimetière, contre deux pilastres de l'église, plusieurs années après son décès, je sollicitai, par l'intermédiaire de M. Moulin, alors curé, la faveur de faire dresser sur cette tombe un modeste tombeau.

Je soumis le dessein, j'offris de me conformer aux prescriptions de l'article 11 du décret du 23 prairial an XII. Le sieur Maillargue, alors maire, répondit par un refus formel.

Je dus me résigner à subir de tels mauvais vouloirs, et, en vertu de l'article 12 dudit décret, je fis placer sur sa tombe deux pierres formant monolythe ; ce fut précisément le premier signe de souvenir attaché sur une tombe dans le cimetière de la commune d'Ardes ; exemple qui, depuis, a trouvé nombre d'imitateurs.

Ma douleur était trop vive pour ne pas chercher à venger l'outrage fait à la mémoire de ma vénérable mère ; en sorte qu'en 1849, j'achetai un local hors de la ville, où précisément se trouvait déjà une crypte très-convenable pour y déposer les cendres de mon père et de ma mère, et pour, à leur intention, fonder une sépulture de famille : projet suffisamment justifié par les signes extérieurs des constructions déjà effectuées, qui a pu trouver des frondeurs et surtout des envieux, tels que le sieur Maillargue, qui voyant que je mets toute ma félicité dans le culte du souvenir, s'ingénie à la troubler par des actes abusifs incessants, et son mépris pour les prescriptions légales.

Je fus d'abord arbitrairement privé du bénéfice assuré par les articles 10 et 11 du décret du 23 prairial an XII.

Le 2 septembre dernier, j'eus la douleur de voir violer, impunément, la tombe de ma sœur, au mépris des dispositions formelles de l'article 360 du Code pénal.

Si, en réalité, il n'a point à se reprocher l'idée première du plan, il l'a adopté avec un tel empressement, qu'il persévère aujourd'hui, par des moyens occultes, à me ravir la seule consolation du bénéfice assuré par l'article 14 du même décret.

Je suis donc convaincu que, dans cette circonstance, il ne

s'attaque aux cendres des morts que pour assouvir ses passions haineuses contre les vivants.

Une estimation dérisoire serait devenue le complément de toutes ces machinations, si, comme il le supposait, il avait eu le droit de mettre immédiatement les ouvriers à l'œuvre, il aurait agi aussi inconsidérément que pour le furtif enlèvement des pierres sépulcrales de ma sœur, vu que, le 23 mai, il avait déjà annoncé au Conseil municipal, qu'il ferait madacamiser le bas de la rue, et que ce serait sur ce point qu'il ferait commencer les travaux à la charge de la commune.

J'ai dépensé quatre mille francs pour la construction du pavillon de mon jardin; depuis douze ans, j'ai fait planter plus de cent cinquante pieds d'arbres, aujourd'hui en plein rapport; le mur de clôture a près de quatre mètres d'élévation; et une palissade de pêchers, surmontée d'un cordon de vigne de soixante-trois mètres d'étendue; un puits de douze mètres de profondeur, avec un canal souterrain pour l'alimenter au besoin.

En sorte que, pour quarante-cinq mètres de mur, revêtu de palissade, nombre de pieds d'arbres, le puits et deux cents mètres de terrain, on m'offrirait, pour juste indemnité, cent cinquante francs (très-probablement pour la réfection du mur).

Tandis que le sieur Maillargue, qui possédait une espèce de vacant, dépourvu de clôture et de plantations, limitrophe des maisons d'habitation et de la place consacrée aux fêtes baladoires, probablement intéressé à le vendre plutôt que de le faire clore, l'a fait adopter comme l'emplacement le plus propice pour le nouveau cimetière, et, sur sa mise à prix, en a obtenu, sans conteste, près de dix mille francs, c'est-à-dire le double de sa valeur vénale.

Telle serait la justice distributive de l'édilité locale, si son projet malveillant prévalait, et qui, dans tous les cas, ne pourrait atteindre mon prix de prédilection pour l'estimation de mon jardin, puisque le but proposé tend à le rendre inaliénable.

Je suis loin de consentir, volontairement, à la cession de ma propriété et d'accepter l'indemnité dérisoire énoncée dans le tableau.

Je soutiens que l'exécution des travaux projetés pour l'élargissement de la rue du Château, n'entraîne pas la cession de la moindre partie de ma propriété ; et si, contre mon attente, M. le Préfet ne rejetait pas tous les points qui me concernent, par suite du tracé du plan projeté, et qui seraient susceptibles d'entraîner présentement, ou ultérieurement, la majeure partie de mon jardin et des constructions existantes ; comme cette propriété ne remplirait plus le but que je m'étais proposé, je me verrais dans la nécessité d'user du bénéfice prévu par l'article 51 de la loi du 16 septembre 1807, et d'exiger qu'elle fût acquise, en entier, par la commune, qui aurait à me payer vingt mille francs, par suite du dommage ou des regrets que j'en éprouverais.

Recevez, Monsieur le Sous-Préfet, l'assurance de ma considération très-distinguée.

CHARMENSAT.

Clermont, typ. Ferd. THIBAUD.

www.ingramcontent.com/pod-product-compliance
Lightning Source LLC
Chambersburg PA
CBHW071442060426
42450CB00009BA/2269